Canta, Rana, Canta

Sing, Froggie, Sing

Illustrations by/Ilustraciones de **Carolyn Dee Flores**

Piñata Books
Arte Público Press
Houston, Texas

Esta edición de *Canta, Rana, canta* ha sido subvencionada por la Ciudad de Houston por medio del Houston Arts Alliance. Les agradecemos su apoyo.

Publication of *Sing, Froggie, Sing* is funded by a grant from the City of Houston through the Houston Arts Alliance. We are grateful for their support.

¡Piñata Books están llenos de sorpresas!
Piñata Books are full of surprises!

Piñata Books
An Imprint of Arte Público Press
University of Houston
4902 Gulf Fwy, Bldg 19, Rm 100
Houston, Texas 77204-2004

Diseño de la portada por / Cover design by Mora Des!gn

Canta, Rana, canta = Sing, Froggie, Sing / traducción al inglés por Natalia Rosales-Yeomans = English translation by Natalia Rosales-Yeomans; ilustraciones de = illustrations by Carolyn Dee Flores.
    p. cm.
In English and Spanish.
ISBN 978-1-55885-764-3 (alk. paper)
    1. Frogs—Songs and music. 2. Insects—Songs and music. 3. Animals—Songs and music. 4. Animal sounds—Songs and music. 5. Folk songs, Spanish. 6. Children's songs. [1. Folk songs. 2. Frogs—Songs and music. 3. Insects—Songs and music. 4. Animals—Songs and music. 5. Animal sounds—Songs and music. 6. Spanish language materials—Bilingual.] I. Flores, Carolyn Dee, ill. II. Natalia Rosales-Yeomans. III. Title: Sing, froggie, sing.
PZ74.3.C26 2013
398.2—dc23
                                                                                                    2012038638
                                                                                                    CIP

∞ The paper used in this publication meets the requirements of the American National Standard for Permanence of Paper for Printed Library Materials Z39.48-1984.

Printed in Hong Kong in October 2012–December 2012 by Book Art Inc. / Paramount Printing Company Limited
12 11 10 9 8 7 6 5 4 3 2 1

A la familia de Arte Público Press

En memoria de mi papá Gilbert, quien amaba la música.
—CDF

To the Arte Público Press family

In memory of my father Gilbert,
who was a great lover of music.
—CDF

Estaba la rana sentada debajo del agua.
Cuando la rana se puso a croar,
vino la mosca y la hizo callar.

Oh, the frog was sitting under the water.
When she decided to croak out loud,
along came a fly and hushed her mouth.

Callaba la mosca a la rana
que estaba sentada debajo del agua.
Cuando la mosca se puso a zumbar,
vino la araña y la hizo callar.

Oh, the fly hushed the frog
that was sitting under the water.
When the fly decided to buzz out loud,
along came a spider and hushed her mouth.

Callaba la araña a la mosca,
la mosca a la rana
que estaba sentada debajo del agua.
Cuando la araña se puso a chirriar,
vino el ratón y la hizo callar.

Oh, the spider hushed the fly,
the fly the frog,
that was sitting under the water.
When the spider decided to creak out loud,
along came a mouse and hushed her mouth.

Callaba el ratón a la araña,
la araña a la mosca,
la mosca a la rana
que estaba sentada debajo del agua.
Cuando el ratón se puso a chillar,
vino el gato y lo hizo callar.

Oh, the mouse hushed the spider,
the spider the fly,
the fly the frog
that was sitting under the water.
When the mouse decided to squeak out loud,
along came a cat and hushed his mouth.

Callaba el gato al ratón,
el ratón a la araña,
la araña a la mosca,
la mosca a la rana
que estaba sentada debajo del agua.
Cuando el gato se puso a maullar,
vino el perro y lo hizo callar.

Oh, the cat hushed the mouse,
the mouse the spider,
the spider the fly,
the fly the frog
that was sitting under the water.
When the cat decided to meow out loud,
along came a dog and hushed his mouth.

Callaba el perro al gato,
el gato al ratón,
el ratón a la araña,
la araña a la mosca,
la mosca a la rana
que estaba sentada debajo del agua.
Cuando el perro se puso a ladrar,
vino el bebé y lo hizo callar.

Oh, the dog hushed the cat,
the cat the mouse,
the mouse the spider,
the spider the fly,
the fly the frog
that was sitting under the water.
When the dog decided to bark out loud,
along came the baby and hushed his mouth.

Callaba el bebé al perro
el perro al gato,
el gato al ratón,
el ratón a la araña,
la araña a la mosca,
la mosca a la rana
que estaba sentada debajo del agua.
Cuando el bebé se puso a llorar,
vino Mamá y lo hizo callar.

Oh, the baby hushed the dog,
the dog the cat,
the cat the mouse,
the mouse the spider,
the spider the fly,
the fly the frog
that was sitting under the water.
When the baby decided to cry out loud,
along came Mommy and hushed his mouth.

Callaba Mamá al bebé,
el bebé al perro,
el perro al gato,
el gato al ratón,
el ratón a la araña,
la araña a la mosca,
la mosca a la rana
que estaba sentada debajo del agua.
Cuando Mamá se puso a cantar,
vino Papá y la hizo callar.

Oh, Mommy hushed the baby,
the baby the dog,
the dog the cat,
the cat the mouse,
the mouse the spider,
the spider the fly,
the fly the frog
that was sitting under the water.
When Mommy decided to sing out loud,
along came Daddy and hushed her mouth.

Callaba Papá a Mamá,
Mamá al bebé,
el bebé al perro,
el perro al gato,
el gato al ratón,
el ratón a la araña,
la araña a la mosca,
la mosca a la rana
que estaba sentada debajo del agua.
Cuando Papá se puso a roncar,
vino Abuela y lo hizo callar.

Oh, Daddy hushed Mommy,
Mommy the baby,
the baby the dog,
the dog the cat,
the cat the mouse,
the mouse the spider,
the spider the fly,
the fly the frog
that was sitting under the water.
When Daddy started to snore out loud,
along came Grandma and hushed his mouth.

Callaba Abuela a Papá,
Papá a Mamá,
Mamá al bebé,
el bebé al perro,
el perro al gato,
el gato al ratón,
el ratón a la araña,
la araña a la mosca,
la mosca a la rana
que estaba sentada debajo del agua.
Cuando Abuela se puso a cantar,
vino la rana y la hizo callar.

Oh, Grandma hushed Daddy,
Daddy Mommy,
Mommy the baby,
the baby the dog,
the dog the cat,
the cat the mouse,
the mouse the spider,
the spider the fly,
the fly the frog
that was sitting under the water.
When Grandma decided to sing out loud,
along came the frog and hushed her mouth.

shhhshhhshhh

Callaba la rana a Abuela,
Abuela a Papá,
Papá a Mamá,
Mamá al bebé,
el bebé al perro,
el perro al gato,
el gato al ratón,
el ratón a la araña,
la araña a la mosca,
la mosca a la rana
que estaba sentada debajo del agua.
Cuando la rana se puso a cantar,
vino la mosca y la hizo callar.

Oh, the frog hushed Grandma,
Grandma Daddy,
Daddy Mommy,
Mommy the baby,
the baby the dog,
the dog the cat,
the cat the mouse,
the mouse the spider,
the spider the fly,
the fly the frog
that was sitting under the water.
When the frog decided to sing out loud,
along came the fly and hushed her mouth.

¡Comienza de nuevo!

Estaba la rana sentada debajo del agua.
Cuando la rana se puso a croar,
vino la mosca y la hizo callar.

Callaba la mosca a la rana
que estaba sentada debajo del agua.
Cuando la mosca se puso a zumbar,
vino la araña y la hizo callar.

Callaba la araña a la mosca,
la mosca a la rana
que estaba sentada debajo del agua.
Cuando la araña se puso a chirriar,
vino el ratón y la hizo callar.

Callaba el ratón a la araña,
la araña a la mosca,
la mosca a la rana
que estaba sentada debajo del agua.
Cuando el ratón se puso a chillar,
vino el gato y lo hizo callar.

Callaba el gato al ratón,
el ratón a la araña,
la araña a la mosca,
la mosca a la rana
que estaba sentada debajo del agua.
Cuando el gato se puso a maullar,
vino el perro y lo hizo callar.

Callaba el perro al gato,
el gato al ratón,
el ratón a la araña,
la araña a la mosca,
la mosca a la rana
que estaba sentada debajo del agua.
Cuando el perro se puso a ladrar,
vino el bebé y lo hizo callar.

Callaba el bebé al perro
el perro al gato,
el gato al ratón,
el ratón a la araña,
la araña a la mosca,
la mosca a la rana
que estaba sentada debajo del agua.
Cuando el bebé se puso a llorar,
vino Mamá y lo hizo callar.

Callaba Mamá al bebé,
el bebé al perro,
el perro al gato,
el gato al ratón,
el ratón a la araña,
la araña a la mosca,
la mosca a la rana
que estaba sentada debajo del agua.
Cuando Mamá se puso a cantar,
vino Papá y la hizo callar.

Callaba Papá a Mamá,
Mamá al bebé,
el bebé al perro,
el perro al gato,
el gato al ratón,
el ratón a la araña,
la araña a la mosca,
la mosca a la rana
que estaba sentada debajo del agua.
Cuando Papá se puso a roncar,
vino Abuela y lo hizo callar.

Callaba Abuela a Papá,
Papá a Mamá,
Mamá al bebé,
el bebé al perro,
el perro al gato,
el gato al ratón,
el ratón a la araña,
la araña a la mosca,
la mosca a la rana
que estaba sentada debajo del agua.
Cuando Abuela se puso a cantar,
vino la rana y la hizo callar.

Callaba la rana a Abuela,
Abuela a Papá,
Papá a Mamá,
Mamá al bebé,
el bebé al perro,
el perro al gato,
el gato al ratón,
el ratón a la araña,
la araña a la mosca,
la mosca a la rana
que estaba sentada debajo del agua.
Cuando la rana se puso a cantar,
vino la mosca y la hizo callar.

And again!

Oh, the frog was sitting under the water.
When she decided to croak out loud,
along came a fly and hushed her mouth.

Oh, the fly hushed the frog
that was sitting under the water.
When the fly decided to buzz out loud,
along came a spider and hushed her mouth.

Oh, the spider hushed the fly,
the fly the frog,
that was sitting under the water.
When the spider decided to creak out loud,
along came a mouse and hushed her mouth.

Oh, the mouse hushed the spider,
the spider the fly,
the fly the frog
that was sitting under the water.
When the mouse decided to squeak out loud,
along came a cat and hushed his mouth.

Oh, the cat hushed the mouse,
the mouse the spider,
the spider the fly,
the fly the frog
that was sitting under the water.
When the cat decided to meow out loud,
along came a dog and hushed his mouth.

Oh, the dog hushed the cat,
the cat the mouse,
the mouse the spider,
the spider the fly,
the fly the frog
that was sitting under the water.
When the dog decided to bark out loud,
along came the baby and hushed his mouth.

Oh, the baby hushed the dog,
the dog the cat,
the cat the mouse,
the mouse the spider,
the spider the fly,
the fly the frog
that was sitting under the water.
When the baby decided to cry out loud,
along came Mommy and hushed his mouth.

Oh, Mommy hushed the baby,
the baby the dog,
the dog the cat,
the cat the mouse,
the mouse the spider,
the spider the fly,
the fly the frog
that was sitting under the water.
When Mommy decided to sing out loud,
along came Daddy and hushed her mouth.

Oh, Daddy hushed Mommy,
Mommy the baby,
the baby the dog,
the dog the cat,
the cat the mouse,
the mouse the spider,
the spider the fly,
the fly the frog
that was sitting under the water.
When Daddy started to snore out loud,
along came Grandma and hushed his mouth.

Oh, Grandma hushed Daddy,
Daddy Mommy,
Mommy the baby,
the baby the dog,
the dog the cat,
the cat the mouse,
the mouse the spider,
the spider the fly,
the fly the frog
that was sitting under the water.
When Grandma decided to sing out loud,
along came the frog and hushed her mouth.

Oh, the frog hushed Grandma,
Grandma Daddy,
Daddy Mommy,
Mommy the baby,
the baby the dog,
the dog the cat,
the cat the mouse,
the mouse the spider,
the spider the fly,
the fly the frog
that was sitting under the water.
When the frog decided to sing out loud,
along came the fly and hushed her mouth.

Canta, Rana, canta es una canción folklórica que disfruta de múltiples versiones dondequiera que se habla español. Ha deleitado a generaciones de niños a la vez que les ayuda a ejercer su memoria. Los miembros de Arte Público Press, que representamos a varios países hispanoparlantes, tenemos recuerdos muy gratos de la canción de nuestra niñez y queremos preservar y continuar esta tradición. Pero, como las tradiciones a veces se evolucionan y cambian, tuvimos que modificar este canto, ya que para nuestros criterios contemporáneos la canción original incluye varios versos no apropiados para los niños. Para los que no saben la melodía, incluimos la anotación musical, pero cualquiera puede escuchar "La Rana" en Internet. ¡Qué disfruten!

Sing, Froggie, Sing is a folksong that has many versions and is performed wherever Spanish is spoken. It has delighted generations of children while also strengthening their memory. The Arte Público Press staff, which hails from various Spanish-speaking countries, fondly remembers this song from their childhood, and would like to preserve its tradition while adding to it. However, given that traditions at times evolve and change, the song had to be modified because contemporary criteria dictates that some of the verses are inappropriate for children. For those who do not know the melody, we have included the musical annotation, but anyone can listen to this song online. Enjoy!

Carolyn Dee Flores is a writer and illustrator who lives in San Antonio, Texas. When Carolyn was growing up, she traveled to many places with her family including Bangkok, Thailand and Naha, Okinawa, Japan. Carolyn attended Trinity University where she studied engineering, philosophy and art. She worked as a computer programmer/analyst for Southwest Research Institute, Harcourt Brace Jovanovich and H.E.B. Carolyn spent 12 years as a member of a rock group, Innocent Bystander, writing music, singing, playing bass and keyboards. Carolyn went on to pursue a solo career as a composer, performer and producer. She is best known for her musical scores for independent films, international commercials and jingles. Carolyn began her painting career ten years ago as a muralist and oil painter—specializing in abstract expressionism and classic portraiture. She recently switched over to children's book illustration, and has four children's books coming out in 2013. Carolyn is a member of the Society of Children's Book Writers and Illustrators.

Carolyn Dee Flores es una escritora e ilustradora que vive en San Antonio, Texas. Cuando Carolyn era niña, viajó a muchos lugares con su familia, incluyendo Bangkok, Tailandia y Naha y Okinawa, Japón. Estudió ingeniería, filosofía y arte en Trinity University y trabajó como programadora y analista de sistemas para Southwest Research Institute, Harcourt Brace Jovanovich y H.E.B. También fue miembro del grupo de rock, Innocent Bystander, por doce años y con ellos escribió música, cantó y tocó el contrabajo y el teclado. Carolyn continuó como compositora, cantante y productora solista. Es conocida por sus canciones para filmes independientes, comerciales internacionales y canciones publicitarias. Hace diez años empezó a pintar murales y óleos y se especializa en el expresionismo abstracto y el retrato clásico. Recientemente se dedicó a la ilustración de libros infantiles, y en el 2013 se publicarán cuatro de sus libros. Carolyn es miembro del Society of Children's Book Writers and Illustrators.